지도 위 쏙쏙 세계여행 시리즈

특허받은 교육시스템으로 배우는 세계지리와 문화

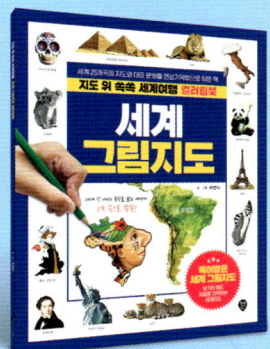

세계 그림지도 컬러링북

- 세계 25개국의 문화와 지리 정보를 한 권에 모두 수록했어요.
- 그림지도를 색칠하면서 각 국가의 수도와 지리, 그리고 중요 문화 키워드를 학습해 보세요.

영국 액티비티북

- 색칠하기, 스티커 붙이기, 길 찾기 등 다양한 학습활동을 하며 영국의 문화와 역사, 지리를 학습해 보세요.
- 아이작 뉴턴, 찰스 다윈, 빅벤 등 영국을 대표하는 세계적 인물과 역사적 건축물을 컬러풀한 이미지와 함께 만나보세요.

프랑스 액티비티북

- 스도쿠, 미로 찾기, 틀린그림 찾기 등 다양한 학습활동을 하며 프랑스의 문화와 역사, 지리를 학습해 보세요.
- 루소, 나폴레옹, 베르사유 궁전 등 프랑스를 대표하는 세계적 인물과 역사적 건축물을 컬러풀한 이미지와 함께 만나보세요.

핀란드 액티비티북

- 편지쓰기, 미로 찾기, 색칠하기 등 다양한 학습활동을 하며 핀란드의 문화와 역사, 지리를 학습해 보세요.
- 알바 알토, 장 시벨리우스, 헬싱키 대성당 등 핀란드를 대표하는 세계적 인물과 역사적 건축물을 컬러풀한 이미지와 함께 만나 보세요.

※ 지도 위 쏙쏙 세계여행 시리즈는 계속 출간됩니다.

쏙쏙 World 그림지도

지도 위 쏙쏙 세계여행

액티비티북
핀란드

다양한 놀이를 통해 떠나는 신나는 모험!
핀란드 문화 탐험

특허받은 5단계 교육시스템

핀란드, 연상기억법으로 쉽고 재미있게 배워요!

기억은 학습의 시작이에요. 어떤 정보를 학습하기 위해서는 먼저 그 정보를 기억해야 합니다. 기억하지 못한다면 학습은 불가능하지요. 특히, 세계 지리나 역사를 처음 접할 때 나라 이름부터 지명, 문화 등 모든 것이 낯설고 복잡하게 느껴질 수 있어요. 하지만 이 책에는 재미있고 쉽게 배울 수 있는 비밀이 담겨 있어요. 바로, 보기만 해도 저절로 기억되는 특허받은 교육시스템입니다.

이 교육시스템은 연상기억법을 이용하여 주요 키워드를 그림과 이야기로 익히는 방법이에요. 기존의 학습과는 차별화된 과학적인 방법으로, 정보를 쉽게 이해하고 기억하는 능력을 키워줍니다. 따라서 독자는 이 책을 보기만 해도 자연스럽게 정보를 기억할 수 있습니다.

특허받은 교육시스템으로 만들어진 이 책은 주요 키워드를 그림지도와 함께 배우며 익히는 활동북으로 구성되었습니다. 색칠하기, 스티커 붙이기, 미로 찾기 등 여러 활동으로 지루할 틈 없이 핀란드를 탐험합니다. 알바 알토, 장 시벨리우스, 헬싱키 대성당 등 세계적인 인물들과 역사적인 건축물을 다양한 사진과 함께 만나보세요. 핀란드를 여행하듯이 학습하다 보면 핀란드의 지도와 문화, 수도, 지리적 특성까지 선명하게 떠오르는 신기한 경험을 할 수 있을 거예요.

이 책이 여러분에게 핀란드의 다양한 문화에 대한 이해를 높이고, 열린 마음으로 세계를 바라보는 기회가 되길 바랍니다. 아울러 새로운 지식을 얻는 즐거움도 느껴보세요.

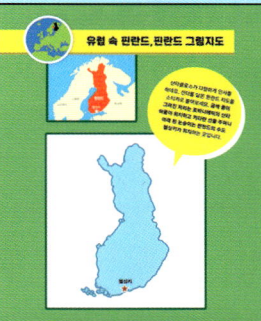

STEP 1 핀란드 지도를 핀란드를 대표하는 이미지로 표현했어요. 그림지도는 실제 지도의 모양과 수도를 쉽게 기억할 수 있도록 도와줍니다.

STEP 2 키워드를 중심으로 핀란드의 문화와 정보를 익혀요. 키워드 학습법은 학습 내용을 핵심적인 단어로 요약하여 학습하기 때문에 쉽게 이해할 수 있답니다.

STEP 3 STEP 2에서 학습한 키워드를 복습하며 다양한 활동을 통해 흥미를 유발합니다. 낯설고 복잡했던 학습 정보가 쉽고 재미있게 기억된답니다.

STEP 4 위에서 학습한 키워드를 한 장의 그림과 이야기로 다시 한번 반복합니다. 번호 순서대로 이야기를 따라가 보세요. 그림과 함께 키워드가 자연스럽게 떠오를 거예요.

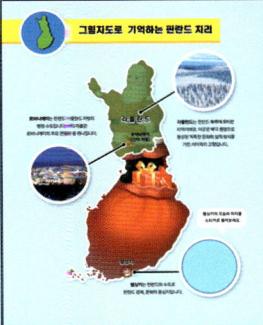

STEP 5 그림지도와 실제 지도를 비교하며 지리를 익혀요. 지루하고 어려웠던 지도의 주요 지명과 정보는 그림지도와 함께 자연스럽게 기억된답니다.

이렇게 활용해 보세요.

북극의 빛, 라플란드의 오로라

핀란드 라플란드 지역을 스티커로 붙여보세요.

라플란드는 네 개 나라에 걸쳐 펼쳐진 **매우 추운 지역**이에요. 겨울에는 하루 종일 해가 뜨지 않고, 여름에는 해가 저물지 않는 백야를 경험할 수 있는 특별한 곳이지요. 또한, 라플란드는 아름다운 오로라를 볼 수 있는 최고의 장소 중 하나로 알려져 있답니다.

도서 가장 마지막에 스티커가 수록되어 있어요. 스티커를 붙이며, 쉽고 재미있게 학습해 보세요.

오로라는 태양에서 나온 작은 입자들이 지구로 날아와 지구의 대기와 부딪히면서 빛나는 현상이에요. 이런 입자들이 지구의 자기장을 따라서 지구의 북극과 남극으로 모여들게 되지요. 그래서 북극이나 남극 근처에서 오로라를 가장 잘 볼 수 있답니다.

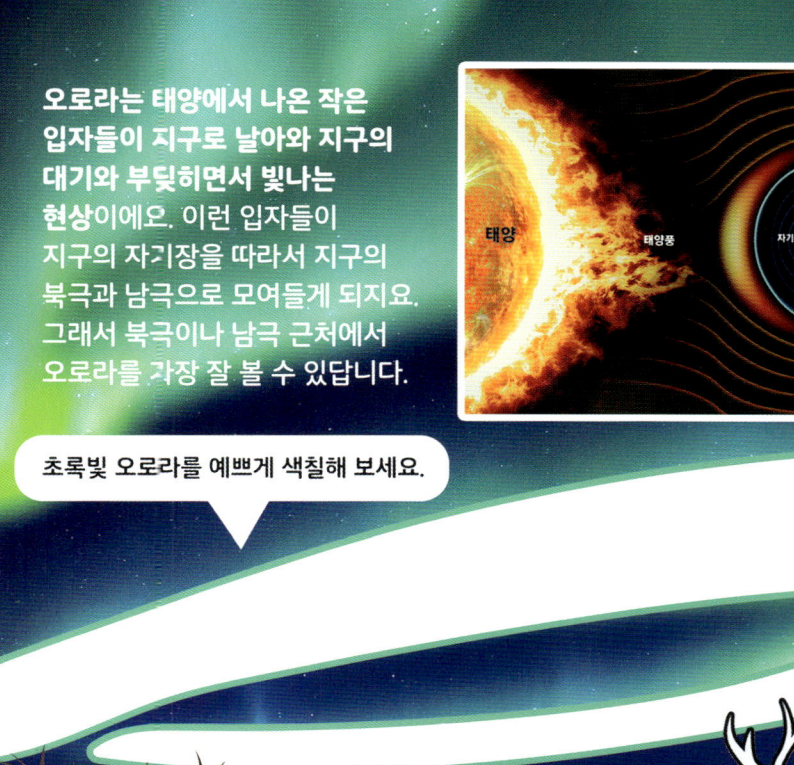

핀란드와 관련된 주요 키워드를 이미지와 함께 학습해 보세요.

초록빛 오로라를 예쁘게 색칠해 보세요.

핀란드와 관련된 주요 키워드를 액티비티로 즐겨보세요.

썰매가 앞으로 나아갈 수 있도록 점을 연결해 그림을 완성해 보세요.

Let's go 핀란드

- 핀란드의 지도 모양은 산타클로스 · 10
- 산타의 나라 · 12
- 로바니에미의 산타 마을 · 14
- 산타클로스에게 편지 쓰기 · 16
- 북극의 빛, 라플란드의 오로라 · 18
- 핀란드의 사미족 · 20
- 루돌프 사슴코의 주인공 순록 · 22
- 눈과 얼음의 땅 라플란드, 사미족 · 24
- 세계적인 캐릭터 무민 · 26
- 핀란드의 세계적인 예술가 · 28
- 핀란드의 자연과 영혼을 담은 음악 · 30
- 알바 알토, 자연의 곡선을 디자인하다. · 32
- 헬싱키 · 34
- 다양한 문화가 살아 숨 쉬는 도시 · 36
- 낱말로 익히는 헬싱키 · 38
- 숲과 호수의 나라 · 40
- 핀란드의 숲과 호수 · 42
- 핀란드에서 가장 큰 호수, 사이마 · 44
- 자연과 함께하는 사람들 · 46
- 숲은 핀란드 사람들의 놀이터 · 48
- 세계에서 가장 행복한 나라 · 50
- 한 장의 그림으로 기억하는 핀란드 키워드 · 52
- 그림지도로 기억하는 핀란드 지리 · 54

북유럽 핀란드

핀란드의 수도 헬싱키
평화롭고 깨끗한 도시
헬싱키의 구시가지 모습

핀란드 공화국
(Republic of Finland)

수도: 헬싱키
면적: 약 338,424km² (대한민국의 3.4배)
인구: 약 554만 9,886명 (2024년 기준)
종교: 루터교, 그리스 정교
언어: 핀란드어, 스웨덴어
국화: 은방울꽃

핀란드의 지도 모양은 산타클로스

북유럽의 신비로운 나라 핀란드는 산타클로스의 고향으로 유명해요. 핀란드 북쪽, 라플란드 지역의 중심 도시 로바니에미 외곽에는 산타 마을이라는 특별한 곳이 자리 잡고 있답니다. 이곳은 핀란드의 국민 건축가 알바 알토의 디자인으로 탄생한 테마파크입니다. 산타 마을은 단순한 테마파크만은 아니에요. 이곳은 꿈과 희망을 선물하는 곳으로 산타클로스의 따뜻한 미소와 함께 전 세계 사람들에게 크리스마스의 진정한 의미를 일깨워 주는 곳이랍니다.

헬싱키

유럽 속 핀란드, 핀란드 그림지도

산타클로스가 다정하게 인사를 하네요. 산타를 닮은 핀란드 지도를 스티커로 붙여보세요. **금색 종이 그려진 자리에는 로바니에미의 산타 마을이 위치하고 커다란 선물 주머니 아래 흰 눈송이에는 핀란드의 수도 헬싱키가 위치**합니다.

라플란드 지방

핀란드의 북부 지방, 라플란드
산타 마을, 로바니에미 위치

산타의 나라

눈과 겨울, 그리고 산타클로스의 고향

핀란드의 북쪽 라플란드

어서 와! 핀란드는 처음이지?

크리스마스에 선물을 나눠주는 친절한 산타 할아버지가 어디에 사는지 알고 있나요? 바로 핀란드 라플란드 지방의 산타 마을입니다. **라플란드는 핀란드, 스웨덴, 노르웨이, 러시아 일부 지방에 걸쳐 있는 넓은 지역**이에요. 특히, 핀란드의 라플란드 지역에 위치한 **산타 마을은 매년 크리스마스 시즌이 되면 전 세계 관광객들이 방문하는 유명한 곳**이에요. 이곳에서는 산타와 함께 사진을 찍고, 순록이 끄는 눈썰매를 타는 등 다양한 체험을 즐길 수 있답니다.

로바니에미의 산타 마을

산타 할아버지에게 받고 싶은 선물을 말해보세요. 소원이 이루어질 거예요.

동화 속 세상, 핀란드 산타 마을에서 보내는 **특별한 크리스마스**

산타 마을의 이글루 호텔 안에서 오로라를 보는 건 정말 놀라운 경험이에요.
마치 하늘에서 발레리나의 공연을 보는 것 같아요. 그래서 북유럽 사람들은 오로라를 '하늘에서 춤추는 빛'이라고도 부른답니다.

산타 마을에서 순록이 끄는 썰매를 타고 라플란드의 겨울 풍경을 즐겨 보세요.

산타클로스에게 편지 쓰기

산타클로스에게 편지를 써보세요. 세계 어디서든 주소 없이 산타클로스에게 편지를 보내면, 그 편지는 마법처럼 핀란드의 산타 마을로 전달된답니다.

아이들의 편지가 산타에게 전달될 수 있도록 길을 찾아주세요.

산타 할아버지,

북극의 빛, 라플란드의 오로라

핀란드 라플란드 지역을 스티커로 붙여보세요.

라플란드는 네 개 나라에 걸쳐 펼쳐진 매우 추운 지역이에요. 겨울에는 하루 종일 해가 뜨지 않고, 여름에는 해가 저물지 않는 백야를 경험할 수 있는 특별한 곳이지요. 또한, 라플란드는 아름다운 오로라를 볼 수 있는 최고의 장소 중 하나로 알려져 있답니다.

오로라는 태양에서 나온 작은 입자들이 지구로 날아와 지구의 대기와 부딪히면서 빛나는 현상이에요. 이런 입자들이 지구의 자기장을 따라서 지구의 북극과 남극으로 모여들게 되지요. 그래서 북극이나 남극 근처에서 오로라를 가장 잘 볼 수 있답니다.

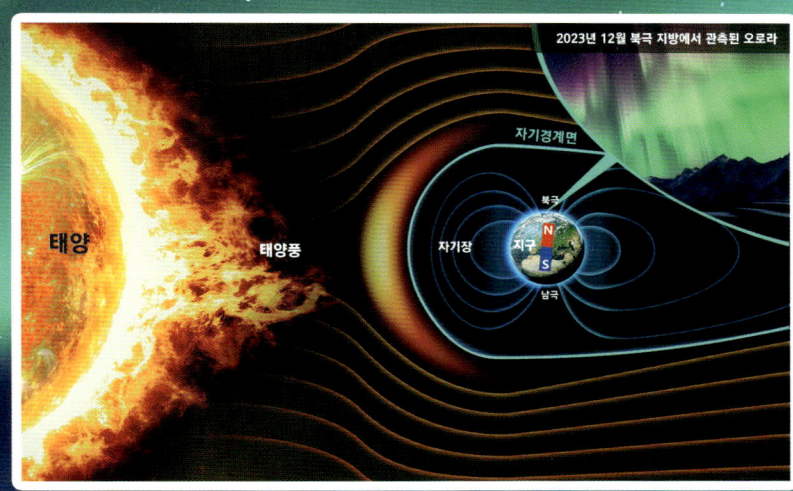

2023년 12월 북극 지방에서 관측된 오로라
자기경계면
태양
태양풍
자기장
북극
지구
N
S
남극

초록빛 오로라를 예쁘게 색칠해 보세요.

썰매가 앞으로 나아갈 수 있도록 점을 연결해 그림을 완성해 보세요.

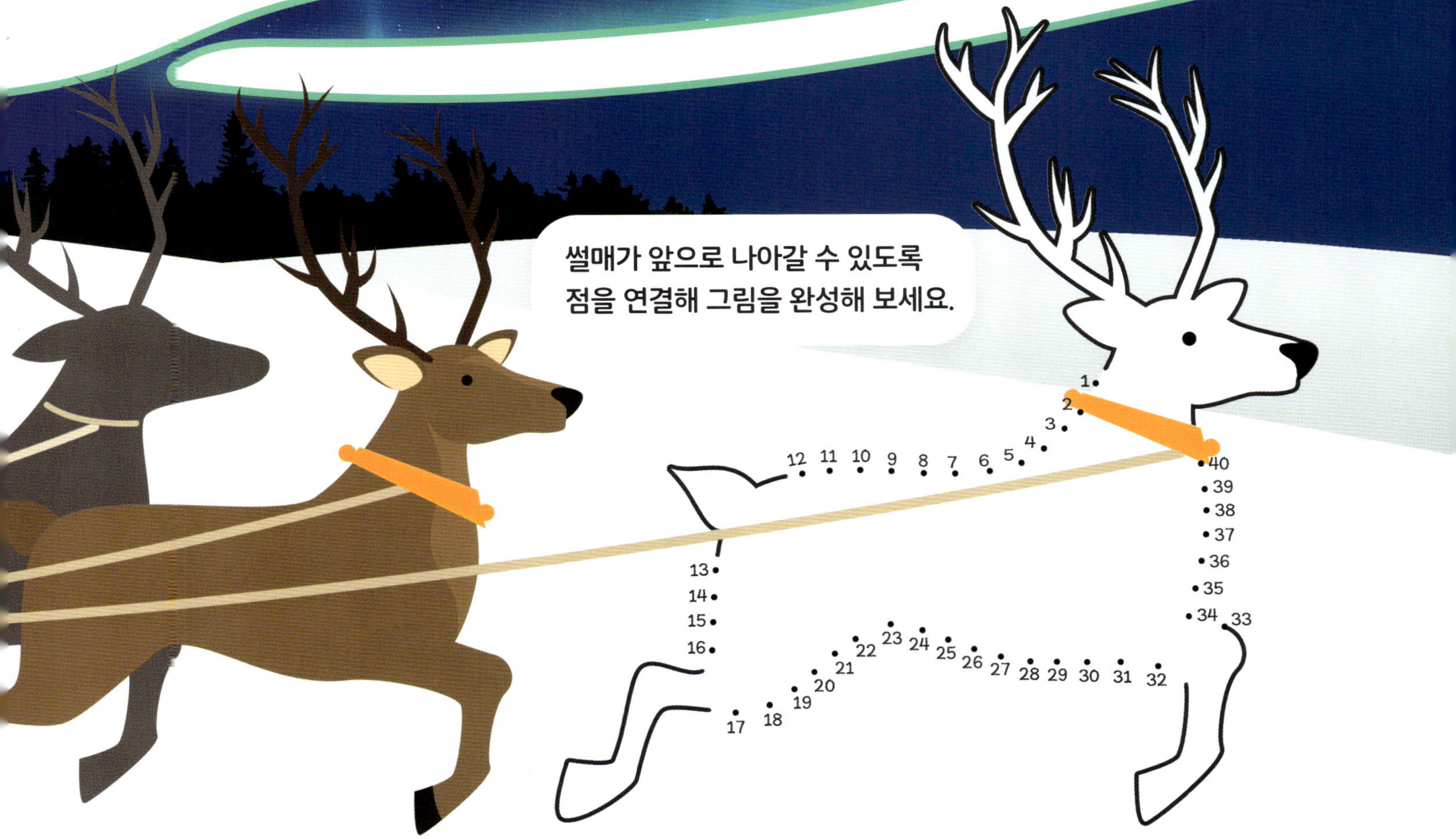

핀란드의 사미족

북극의 마지막 유목민족, 사미족을 만나보세요.

핀란드에는 눈과 얼음으로 뒤덮인 라플란드라는 곳이 있어요. 라플란드에는 자연을 사랑하고 순록을 친구처럼 생각하는 사미족 사람들이 살고 있답니다. 사미족은 수천 년 동안 라플란드에서 살아온 북극의 원주민입니다.

북유럽의 사미족을
상징하는 국기

고유한 언어와 독특한 문화를 가진 사미족 사람들

사미족은 북극의 혹독한 환경 속에서도 독특한 문화와 전통을 지키며 살아온 강인하고 독립적인 사람들이에요. 그러나 최근, 사미족의 삶도 조금씩 변해가고 있어요. 이제는 사미족 아이들도 학교에 다니며 컴퓨터를 사용하고, 도시에서 살기도 한답니다. 그래도 사미족 사람들은 자신들의 옛이야기와 문화를 잊지 않기 위해 많은 노력을 기울이고 있어요.

루돌프 사슴코의 주인공 순록

썰매를 끌던 순록이 길을 잃었나 봐요.
사미족 친구를 만날 수 있도록 도와주세요.

눈과 얼음의 땅 라플란드, 사미족

'가키티(Gákti)'라는 핀란드 사미족의 전통 의상입니다. 스티커를 붙여 사미족의 전통 의상을 완성해 보세요.

라플란드와 관련된 것(오로라, 순록, 눈, 산타클로스, 사미족)을 찾아 동그라미 해보세요.

세계적인 캐릭터 무민

토베 얀손 (1914~2001)

무민 캐릭터를 만든 핀란드의 예술가이자 작가입니다.
무민은 세계인들에게 사랑받는 캐릭터로 책, 만화 영화, 테마파크 등 다양한 형태로 사람들에게 즐거움을 선사하고 있어요.

Photo of Tove Jansson by Per Olov Jansson.
Photo of the book cover by Publisher Raben & Sjögren and artist Tove Jansson.
Creative Commons Attribution-Share Alike 3.0

즐겁고 행복한 무민을 동화책으로 만나보세요.

토베 얀손의 **무민 이야기**는 핀란드의 자연과 문화를 배경으로 어린이들에게 자연과 사람, 가족과 친구, 사랑에 대한 소중함을 알려주고 있어요. 그의 작품은 단순함과 깊이를 동시에 지니며, 작가의 섬세한 드로잉과 따뜻한 색채는 독창적이고 감동적인 예술 작품으로 평가받고 있답니다.

핀란드의 세계적인 예술가

장 시벨리우스 (1865~1957)

세계적인 작곡가로, 그의 음악은 핀란드의 아름다운 자연과 정신을 담고 있어요. 특히, <핀란디아>는 핀란드 사람들이 가장 사랑하는 곡입니다.

<핀란디아 홀>은 핀란드의 수도 헬싱키에 있는 콘서트홀이에요. 핀란드를 대표하는 건축가 알바 알토가 설계한 건축물로, 장 시벨리우스를 기념하여 건축되었답니다.

<핀란디아>는 핀란드가 나라를 잃고 절망에 빠져있던 시기에 작곡되었어요. 이 곡은 나라를 잃은 핀란드인들에게 독립의 희망을 꿈꾸게 했어요. <핀란디아>는 핀란드의 제2의 애국가로 불린답니다.

알바 알토 (1898~1976)

핀란드의 건축가이자 디자이너로, 20세기 가장 영향력 있는 인물 중 한 명으로 평가받고 있어요. 그의 대표적인 건축물들은 세계 문화유산으로 지정되었습니다.

알바 알토는 건축과 디자인의 중심에는 자연이 있어야 한다고 생각했어요. 그는 건물이 주변 환경과 조화롭게 어우러져야 한다고 믿었답니다. 그의 디자인은 오늘날에도 여전히 많은 사람들에게 영향을 주고 있어요.

핀란드의 자연과 영혼을 담은 음악

장 시벨리우스의 대표작 <핀란디아>를 감상해 보세요. **<핀란디아>는 핀란드 자연의 아름다움과 영혼을 담은 음악**이에요. 음악이 시작되면, 트럼펫과 드럼 소리가 울려 퍼져요. 마치 거대한 산맥이 하늘을 찌르고 푸른 호수가 반짝이는 핀란드의 아름다운 자연을 보는 것만 같아요. 그러다가 숲속의 요정이 춤을 추는 것 같은 부드러운 플루트와 바이올린 소리가 들린답니다.

장 시벨리우스를 스티커로 붙여보세요.

핀란드 국기를 스티커로 붙여보세요.
국기의 푸른색은 핀란드의 수많은 호수와 하늘을, 흰색은 겨울의 눈에 덮인 땅을 의미합니다.

가로, 세로, 대각선에서 장 시벨리우스와 관련된 낱말을 찾아 동그라미 해보세요.

장 시벨리우스
독립 운동
국민 음악가
국민 영웅
핀란디아
제2 애국가

작	곡	가	웅	독	립	운	동
백	조	영	교	향	곡	명	핀
애	민	제	2	애	국	가	란
국	민	음	악	가	민	요	디
가	장	시	벨	리	우	스	아

악보를 보고 규칙을 찾아보세요.
빠진 음표를 넣어 마디를 완성해 보세요.

알바 알토, 자연의 곡선을 디자인하다.

<파이미오 의자>는 알바 알토가 파이미오에 위치한 결핵 환자들을 위한 요양원을 설계하면서 디자인했어요. 이 의자는 편안하고 아름다운 디자인으로 전 세계 사람들에게 사랑받고 있어요.

<사보이 꽃병>에 영감을 준 핀란드의 호수

<사보이 꽃병>은 핀란드의 호수와 굽이치는 피오르 해안선에 영감을 받아 디자인했어요. 이 꽃병은 핀란드의 '국민 그릇'으로 불린답니다.

휘어진 등받이는 햇빛을 받으면 따뜻해지는 검은 합판을 이용해 기침을 하는 결핵환자가 편안하게 호흡할 수 있도록 디자인되었습니다.

핀란드의 호수를 닮은 꽃병의 윗부분을 색칠해 보세요.

알바 알토는 나무를 휘어지게 디자인하는 것으로 유명해요. 그의 디자인 방식은 현대 목재 가구 디자인의 기준이 되었답니다. 곡선으로 휘어진 <파이미오 의자>의 팔걸이를 스티커로 붙여보세요.

<A331 펜던트 라이트>는 벌집에서 영감을 받아 만든 조명으로 흰색 알루미늄과 크롬으로 도금된 강철링 사이로 은은한 불빛이 새어 나와 공간을 아늑하게 만들어 줍니다.

자연과 인간의 조화로운 공존을 생각하며 누구나 사용하기 편리한 제품을 디자인 해보세요.

스툴 의자 하면 떠오르는 아래 의자를 디자인한 사람은 누구일까요?

. . . .

핀란드의 수도
헬싱키 위치

헬싱키

핀란드 정치, 경제, 문화의 중심지

바다와 호수의 도시

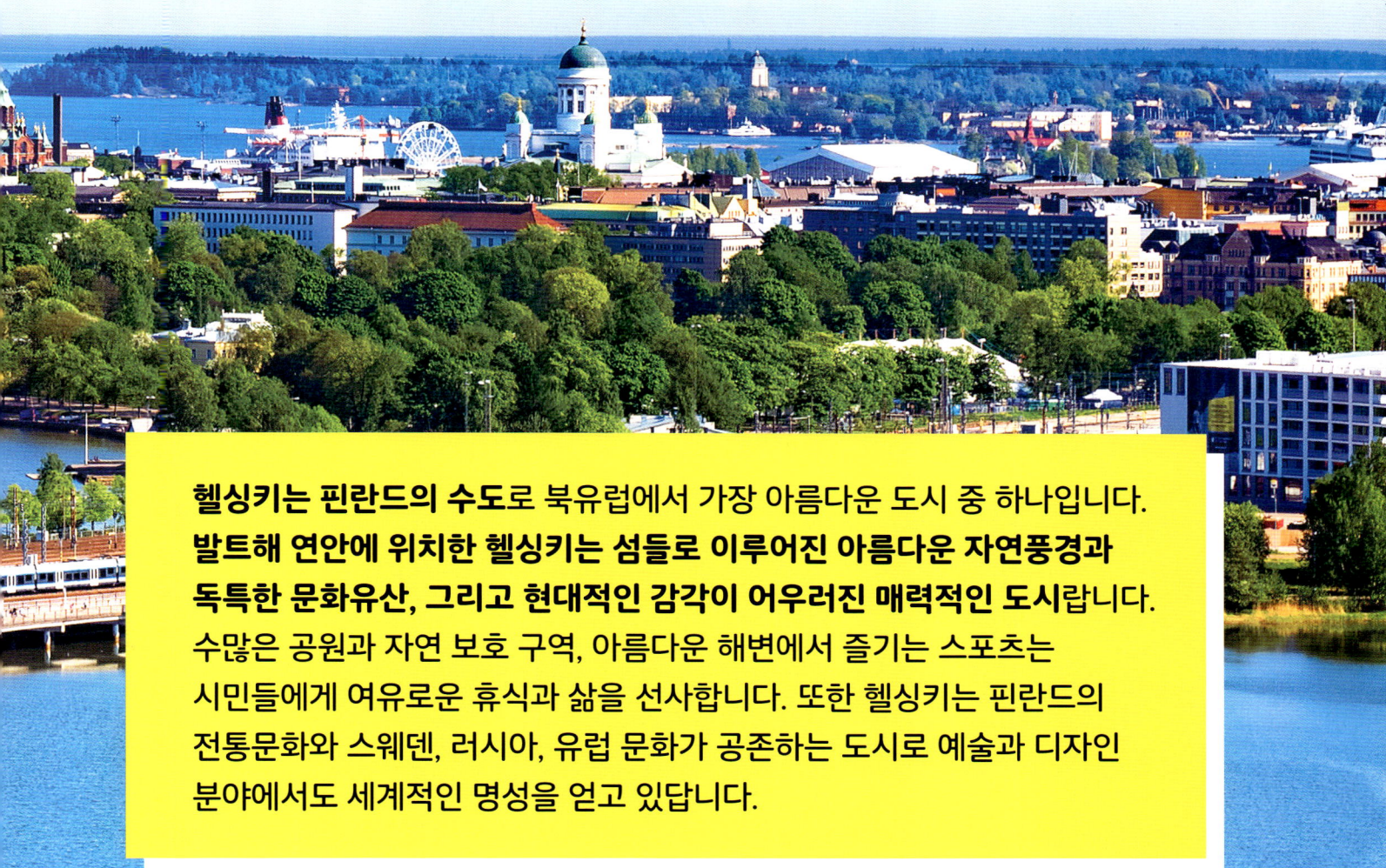

헬싱키는 핀란드의 수도로 북유럽에서 가장 아름다운 도시 중 하나입니다. **발트해 연안에 위치한 헬싱키는 섬들로 이루어진 아름다운 자연풍경과 독특한 문화유산, 그리고 현대적인 감각이 어우러진 매력적인 도시랍니다.** 수많은 공원과 자연 보호 구역, 아름다운 해변에서 즐기는 스포츠는 시민들에게 여유로운 휴식과 삶을 선사합니다. 또한 헬싱키는 핀란드의 전통문화와 스웨덴, 러시아, 유럽 문화가 공존하는 도시로 예술과 디자인 분야에서도 세계적인 명성을 얻고 있답니다.

다양한 문화가 살아 숨 쉬는 도시

푸른 하늘 아래 거대한 초록색 돔이 빛나는 헬싱키 대성당은 핀란드의 수도 헬싱키를 상징하는 아름다운 건축물이에요. 헬싱키 대성당은 19세기 러시아의 황제 알렉산더 2세에 의해 건설되었어요. 19세기 핀란드는 러시아의 지배를 받고 있었는데, 알렉산더 2세는 핀란드 사람들에게 좋은 인상을 주기 위해 이 거대한 성당을 만들었답니다. 헬싱키 대성당은 단순히 아름다운 건축물일 뿐만 아니라, 헬싱키 시민들에게 중요한 의미를 갖는 곳이에요. 다양한 전시와 콘서트, 결혼식, 성탄절과 부활절 등 중요한 종교 행사가 열린답니다.

〈시벨리우스 공원〉
장 시벨리우스를 기념하기 위해 세운 공원이에요. 이 공원의 중심에는 600개의 강철 파이프로 구성된 장엄한 시벨리우스 기념비가 자리하고 있어요. 이 기념비는 시벨리우스의 음악과 핀란드 자연의 웅장함을 표현하고 있답니다.

〈수오멘린나 요새〉
헬싱키 항구에 있는 아름다운 요새입니다. 18세기, 스웨덴 왕국 시대에 건설된 이 요새는 핀란드 역사에서 중요한 역할을 했어요. 1991년 유네스코 세계 문화유산으로 지정되었습니다.

〈우스펜스키 성당〉
19세기에 지어진 러시아 정교회 성당으로 헬싱키의 다양한 문화를 상징하는 건축물이에요.

낱말로 익히는 헬싱키

가로, 세로, 대각선에서 헬싱키와 관련된 낱말을 찾아 동그라미 해보세요.

헬싱키 대성당
수오멘린나 요새
우스펜스키 성당
녹색 도시
문화 중심지
시벨리우스 공원

헬	싱	키	녹	색	도	시	문
시	벨	리	우	스	공	원	화
녹	헬	싱	키	대	성	당	중
수	오	멘	린	나	요	새	심
우	스	펜	스	키	성	당	지

헬싱키 항구는 유럽과 아시아를 연결하는 중요한 항구입니다. 이 항구는 헬싱키 중심에 위치해 있어 도시의 주요 관광지와 아주 가까워요. 그래서 헬싱키를 방문하는 관광객들에게는 이곳이 중요한 여행의 출발점이 된답니다. 헬싱키 항구에서 헬싱키 대성당으로 출발해 봅시다! 언덕 위에 우뚝 솟은 헬싱키 대성당을 스티커로 붙여보세요.

헬싱키의 주요 건축물을 스티커로 붙이고 따라 써 보세요. 그리고 아래에서 지금 막 헬싱키 항구에 도착한 산타클로스를 찾아보세요.

핀란드의 호수
18만 개 이상의 호수
핀란드에서 가장 큰 호수, 사이마

숲과 호수의 나라

푸른 숲으로 뒤덮인 숲의 나라, 핀란드

187,888개의 호수를 품은 나라

핀란드는 국토의 약 70%가 숲으로 이루어져 있어요. 마치 거대한 녹색 카펫처럼 펼쳐진 숲에는 소나무, 참나무, 자작나무, 가문비나무 등 다양한 나무들이 있어요. 또한, **핀란드는 약 18만 8천 개의 호수를 품은 호수의 나라**입니다. 여름에는 따뜻한 햇살 아래 호수에서 물놀이를 즐기고, 겨울에는 얼어붙은 호수 위에서 스케이트를 탈 수도 있답니다.

핀란드의 숲과 호수

핀란드에서는 나무를 베어내면 반드시 새로운 나무를 심어야 해요.

핀란드에서 나무는 문화, 농업, 건축 등 다양한 분야에서 적극적으로 사용되고 있어요.

핀란드 사람들은 나무와 숲을 소중하게 여겨요. 특히, 나무는 핀란드 사람들의 **친구이며, 함께 살아가는 소중한 존재**랍니다.

핀란드 사람들은 호수를 많이 가진 것을 **자랑스럽게 생각해요**.

핀란드에서 가장 큰 호수, 사이마

사이마 호수에서 가장 인기 있는 도시 사본린나에 가고 싶어요. 유람선은 어떤 길을 따라가야 사본린나에 도착할 수 있을까요?

사이마 호수는 핀란드 남동부에 위치한 유럽에서 네 번째로 큰 호수입니다. 면적은 4,400km^2(서울의 약 7배)에 달하며, 수많은 섬과 마을들에 둘러싸여 있어요. 사이마 호수에서 가장 유명한 도시는 **사본린나**입니다.

자연과 함께하는 사람들

핀란드 사람들에게 사우나는 단순한 목욕이 아닌, 특별한 문화입니다. 사실 '사우나'라는 단어 자체가 핀란드어에서 유래했을 정도로 핀란드 문화와 깊이 연결되어 있어요. 특히 호숫가 통나무집에서 즐기는 사우나는 자연과 하나 되는 최고의 휴식입니다.

핀란드 사람들은 자연과 함께하는 것을 정말 좋아해요. 숲과 호수는 휴식과 평온을 선사하는 특별한 공간이랍니다.

핀란드 사람들에게 숲은 마치 커다란 놀이터와 같아요.

하얀 버섯 중에 유독 치명적 독버섯이 많아 핀란드에서는 하얀 버섯을 되도록 따지 않는 것이 원칙이에요.

핀란드 사람들에게 버섯 따기는 단순한 취미가 아닌, 자연의 선물을 만끽하는 특별한 경험이에요. 국토의 70% 이상이 숲으로 뒤덮인 핀란드는 버섯 천국으로 불릴 만큼 다양한 종류의 버섯이 있어요. 가을이 되면 사람들은 삼삼오오 짝을 지어 신선한 버섯과 산딸기를 찾아 숲속으로 길을 떠난답니다. 마치 모험가가 되어 숲속을 탐험하며 보물을 찾는 것처럼요.

버섯 따기는 재미있을 뿐만 아니라, 친구들과 함께 버섯을 찾으며 우정을 더욱 돈독하게 만들어 줘요. 어떤 버섯은 먹을 수 있고 어떤 버섯은 먹으면 안 되는지 서로 알려주고, 어디서 더 많은 버섯을 찾을 수 있을지 함께 고민하며 즐거운 시간을 보낼 수 있어요.

핀란드의 숲에서 자라는 야생 버섯과 산딸기는 주인이 있는 숲이라 할지라도 누구나 따서 가져갈 수 있어요. '모든 사람의 권리'라고 불리는 이 법은 누구나 핀란드의 아름다운 자연을 즐길 수 있다는 뜻이랍니다.

세계에서 가장 행복한 나라

핀란드 사람들은 세계에서 가장 행복한 사람들이라고 알려져 있어요. 그 이유는 무엇일까요?

자연은 핀란드 사람들의 놀이터예요. 핀란드의 겨울은 정말 추워요. 하지만 겨울이 되면 아이들은 눈사람을 만들고, 얼어붙은 호수에서 스케이트를 타며 놀아요. 사우나에서 목욕을 하고 따뜻한 난로 옆에서 이야기를 나누는 것도 핀란드 사람들의 즐거움이지요. 여름에는 숲속에서 캠핑을 하거나, 호수에서 수영을 하며 즐거운 시간을 보낸답니다.
자연을 사랑해요. 핀란드 사람들은 자연을 아끼며 항상 깨끗하게 지키려고 노력해요.

재미있는 학교생활을 할 수 있어요. 핀란드의 학교생활은 책상에서 책으로만 공부하는 것이 아니라, 숲에서 친구들과 놀이 학습을 통해 자연을 배우고 협동심을 기른답니다.
일과 삶의 균형을 맞춰요. 핀란드 사람들은 일보다는 가족, 친구들과의 시간을 중요하게 생각하며, 취미 활동을 즐기는 데 집중해요.

핀란드는 아름다운 자연과 행복한 사람들, 독특한 문화가 있는 세상에서 가장 행복한 나라입니다.

그림지도의 키워드를 시작으로 번호 순서대로 이야기를 따라가 보세요.

한 장의 그림으로 기억하는 핀란드 키워드

숲과 호수의 나라 핀란드
산타클로스와 함께 장 시벨리우스를 만나보세요.

"메리 크리스마스!" 산타클로스가 다정하게 인사를 해요. 산타는 라플란드 지방에 사는 귀여운 사미족 아이와 함께 시벨리우스의 집 정원에서 열리는 음악회에 초대받았어요. 산타는 시벨리우스를 위해 특별한 크리스마스 선물을 준비했지요. 그것은 바로 '무민' 동화책이에요. 무민은 토베 얀손에 의해 탄생된 캐릭터로 무민의 모험 이야기는 핀란드뿐 아니라 유럽을 넘어 전 세계 사람들에게 사랑받고 있어요.

음악회가 시작되려나 봐요. 밤하늘 가득히 울려 퍼지는 음악 소리에 하얗게 쌓인 눈이 녹아내려요. 시벨리우스가 핀란드의 세계적인 건축가 알바 알토가 디자인한 안락한 의자에 앉아 아름다운 음악을 들려주네요. 장 시벨리우스는 핀란드를 대표하는 세계적인 작곡가예요. 그가 활동할 당시 핀란드는 러시아의 지배를 받고 있었어요. 러시아의 지배를 참을 수 없었던 시벨리우스는 <핀란디아>를 작곡해 핀란드 사람들의 독립 정신을 일깨웠지요. 그래서 핀란드 사람들은 그를 국민 음악가로 존경하며 <핀란디아>를 애국가처럼 사랑하고 있어요.

음악회가 열리는 이곳은 자작나무 숲과 호수가 펼쳐진 곳이랍니다. 파란 호수 건너편에는 핀란드의 수도 헬싱키가 보이고, 오로라의 환상적인 빛은 음악과 함께 어두운 밤하늘을 물들이고 있어요. 어느새 밤하늘은 아름다운 음악으로 가득 찼어요. 눈을 감고 가만히 <핀란디아>의 노랫소리를 들어 보세요. 숲과 호수의 아름다운 풍경이 눈앞에 펼쳐지고 자유와 희망을 향한 핀란드 사람들의 외침이 마음속 깊은 곳까지 전해진답니다.

그림지도로 기억하는 핀란드 지리

로바니에미는 핀란드 라플란드 지방의 행정 수도입니다. 산타 마을은 로바니에미의 주요 관광지 중 하나입니다.

라 플 란 드

로바니에미 (산타 마을)

라플란드는 핀란드 북쪽에 위치한 지역이에요. 이곳은 북극 환경으로 형성된 독특한 문화와 삶의 방식을 가진 사미족의 고향입니다.

헬싱키의 모습과 위치를 스티커로 붙여보세요.

헬싱키

헬싱키는 핀란드의 수도로 핀란드 경제, 문화의 중심지입니다.

핀란드 지도

- 바렌츠해
- 노르웨이해
- 노르웨이
- 스웨덴
- 이나리호
- 로바니에미
- 오울루
- 백해
- 러시아
- 바사
- 보트니아만
- 사이마호
- 탐페레
- 투르쿠
- 헬싱키
- 핀란드만
- 에스토니아
- 발트해

정답을 확인해 보세요.

16 페이지

22~23 페이지

5마리

25 페이지

31 페이지

31 페이지

장 시벨리우스
독립 운동
국민 음악가
국민 영웅
핀란디아
제2 애국가

작	곡	가	웅	독	립	운	동
백	조	영	교	향	곡	명	핀
애	민	제	2	애	국	가	란
국	민	음	악	가	민	요	디
가	장	시	벨	리	우	스	아

33 페이지

알바 알토

38~39 페이지

헬싱키 대성당
수오멘린나 요새
우스펜스키 성당
녹색 도시
문화 중심지
시벨리우스 공원

헬	싱	키	녹	색	도	시	문
시	벨	리	우	스	공	원	화
녹	헬	싱	키	대	성	당	중
수	오	멘	린	나	요	새	심
우	스	펜	스	키	성	당	지

44 페이지

3번

48 페이지

지도 위 쏙쏙 세계여행 **액티비티북 핀란드**

초 판 발 행	2024년 09월 20일 (인쇄 2024년 07월 12일)
발 행 인	박영일
책 임 편 집	이해욱
글 · 그 림	이안나
편 집 진 행	박종옥 · 정유진
표지디자인	박수영
편집디자인	하한우
발 행 처	시대인
공 급 처	(주)시대고시기획
출 판 등 록	제 10-1521호
주 소	서울시 마포구 큰우물로 75 [도화동 538 성지 B/D] 9F
전 화	1600-3600
팩 스	02-701-8823
홈 페 이 지	www.sdedu.co.kr
I S B N	979-11-383-7335-7 (74900)
정 가	13,000원

※ 이 책은 저작권법의 보호를 받는 저작물이므로 동영상 제작 및 무단전재와 배포를 금합니다.
※ 잘못된 책은 구입하신 서점에서 바꾸어 드립니다.

'시대인'은 종합교육그룹 '(주)시대고시기획 · 시대교육'의 단행본 브랜드입니다.

11 페이지

18 페이지

24 페이지

30 페이지